QUANTO MAIS VELHO, MELHOR

*À memória de nossos avós,
Spiros e Kalliope Petras,
e Peter e Marika Leopold.*

Kathryn e Ross Petras

QUANTO MAIS VELHO, MELHOR

*Celebrando a sabedoria que vem
com o passar dos anos*

Título original: *Age Doesn't Matter Unless You're
a Cheese – Wisdom from Our Elders*
Copyright © 2002 por Kathryn e Ross Petras
Copyright da tradução © 2008 por GMT Editores Ltda.
Publicado em acordo com a Workman Publishing Company, Nova York.
Todos os direitos reservados. Nenhuma parte deste livro pode ser
reproduzida sob quaisquer meios existentes sem autorização
por escrito dos editores.

Tradução: Jaime Bernardes

Preparo de originais: Rachel Agavino

Revisão: Masé Sant'Anna, Sérgio Bellinello Soares e Wilson Silva

Capa e ilustração de capa: Silvana Mattievich

Projeto gráfico e diagramação: Valéria Teixeira

Pré-impressão: ô de casa

Impressão e acabamento: Lis Gráfica e Editora Ltda.

CIP-BRASIL. CATALOGAÇÃO-NA-FONTE
SINDICATO NACIONAL DOS EDITORES DE LIVROS, RJ

P584q	Petras, Kathryn, 1959-
	   Quanto mais velho, melhor / Kathryn e Ross Petras [tradução de Jaime Bernardes]. – Rio de Janeiro: Sextante, 2008.
	
	   Tradução de: Age doesn't matter unless you're a cheese
	   ISBN 978-85-7542-385-1
	
	   1. Idade – Citações, máximas, etc. 2. Envelhecimento – Citações, máximas, etc. 3. Conduta de vida – Citações, máximas, etc. I. Petras, Ross, 1956-. II. Título.

	CDD 305.26
08-0866	CDU 316.346.32

Todos os direitos reservados, no Brasil, por
GMT Editores Ltda.
Rua Voluntários da Pátria, 45 – Gr. 1.404 – Botafogo
22270-000 – Rio de Janeiro – RJ
Tel.: (21) 2286-9944 – Fax: (21) 2286-9244
E-mail: atendimento@esextante.com.br
www.sextante.com.br

Introdução

Sim, é verdade, estamos ficando mais velhos. Para alguns, a passagem do tempo é uma bênção; para outros, uma calamidade. Mas envelhecer é uma realidade à qual nenhum de nós pode escapar. Podemos nos lamentar, nos conformar ou celebrar a sabedoria que muitas vezes acompanha a experiência.

E essa é a razão deste livro. Já que há muita coisa *a se falar* sobre o envelhecimento, decidimos reunir o que *já foi dito* de melhor. Acreditamos que todos nós podemos aprender com os mais velhos e por isso reunimos pensamentos de personalidades de diversas áreas que tinham duas coisas em comum: estavam com mais de 60 anos quando expressaram os pensamentos apresentados aqui e tinham algo significativo a dizer.

Essas pessoas fizeram de tudo. E porque foram generosas o suficiente para compartilhar suas experiências e pontos de vista, suas palavras deram origem a um livro que proporciona inspiração e orientação: um manual para se viver plenamente, com base nas dicas de quem fez exatamente isso.

Quando essas personalidades se deparam com grandes questões, nos levam a refletir também. Quando recordam seus relacionamentos, temos a chance de nos lembrar de nossos amigos e familiares. E, quando elas nos fazem rir, só podemos ser gratos.

Tal como a morte e os impostos, envelhecer é inevitável. Mas algumas coisas inevitáveis são muito mais positivas do que outras.

– *Kathryn e Ross Petras, Nova York*

Não sei o que pareço aos olhos do mundo, mas eu me vejo apenas como um menino brincando à beira-mar, me divertindo ao encontrar, ocasionalmente, uma pedrinha mais lisa ou uma concha mais bonita do que as demais, enquanto o grande oceano da verdade repousa totalmente inexplorado diante de mim.

– *Isaac Newton, cientista*

Existem apenas duas maneiras de viver. Uma é como se nada fosse um milagre. A outra é considerar tudo um milagre.

– *Albert Einstein, físico*

O amor que sentimos durante a juventude é superficial se comparado ao amor que um idoso tem por sua esposa.

– *Will Durant, historiador*

O pensamento dominante durante a juventude é a grandeza do mundo; durante a velhice, sua pequenez.

– *John Buchan, escritor*

Quando você chega ao fim de toda a luz que conhece e é hora de adentrar a escuridão do desconhecido, ter fé é saber que uma destas duas coisas vai acontecer: ou lhe será dado algo de sólido em que se apoiar ou ensinarão você a voar.

– *Edward Teller, físico*

Nunca se arrependa. Se for bom, é maravilhoso. Se for ruim, é experiência.
– *Victoria Holt, escritora*

Enquanto você conseguir admirar e amar, será jovem para sempre.
– *Pablo Casals, músico*

Agora, com os cabelos brancos, os desejos se tornando menos intensos e as forças diminuindo, com o sol se pondo e restando apenas a serenidade do momento e a sutil advertência da primeira estrela, ele faz um brinde à Vida, a tudo o que ela foi, ao que era e ao que viria a ser. Viva!
– *Sean O'Casey, escritor*

Creio que a verdadeira velhice começa quando se olha para trás em vez de para a frente.

– *May Sarton, escritora*

Por ser avô, estou apto a dar alguns conselhos aos jovens com base em minha vasta experiência como transgressor. Posso resumir tudo nestas respostas à tão repetida pergunta: "O que você mudaria se pudesse fazer tudo de novo?"

Passaria mais tempo com meus filhos.

Ganharia dinheiro antes de gastá-lo.

Desfrutaria os prazeres do vinho em vez de consumir bebidas de alto teor alcoólico.

Não fumaria quando pegasse pneumonia.

Não me casaria pela quinta vez.

– *John Huston, diretor e ator*

Que vida maravilhosa eu tive! Só gostaria de ter percebido isso antes.

— *Colette, escritora*

Durante os últimos 80 anos, comecei todos os meus dias da mesma maneira. Não se trata de uma rotina mecânica, mas de algo essencial para meu dia-a-dia. Sento-me ao piano e toco dois prelúdios e fugas de Bach. Não posso nem pensar em mudar isso. É uma espécie de bênção na casa. Mas esse não é o único significado para mim. É uma redescoberta do mundo ao qual tenho o prazer de pertencer. Isso me enche com a percepção do milagre da vida, com a sensação da inacreditável maravilha de ser humano.

— *Pablo Casals, músico*

Segurança é, acima de tudo, superstição... Evitar o perigo não é nem um pouco mais seguro, a longo prazo, do que se expor diretamente a ele. A vida ou é uma aventura audaciosa ou não é nada.

— *Helen Keller, escritora e conferencista*

Todos temos sonhos de amor, de vida e de aventura. Mas, infelizmente, também temos inúmeras razões para não tentar. Elas parecem nos proteger, mas na verdade nos aprisionam. Elas mantêm a vida à distância. A vida vai acabar mais cedo do que pensamos. Se tivermos bicicletas para passear e pessoas para amar, este é o momento.

— *Elisabeth Kübler-Ross, psiquiatra*

Concentre sua força de vontade em um objetivo determinado. Quando jovem, você dispersa seus esforços em muitas coisas... Se sua tentativa fracassa, o que importa? Toda a vida, no fim, é um fracasso. O importante é se divertir com as tentativas.

– *Sir Francis Chichester, aventureiro, depois de dar a volta ao mundo velejando, aos 71 anos*

Dos milhões de opiniões que eu tinha, restaram centenas, mas, mesmo assim, nada sei.
– *Harold Brodkey, escritor*

A idade não importa, a menos que você seja um queijo.

– *Billie Burke, atriz*

O que é a vida? É o piscar de um vaga-lume durante a noite. É a respiração de um búfalo no inverno. É aquela sombra pequenina que atravessa o gramado e se perde no pôr-do-sol.

— *As últimas palavras do índio guerreiro Crowfoot, da tribo Blackfoot*

Você faz o que parecem ser escolhas simples: um homem ou um emprego ou um bairro. Mas o que escolheu, na verdade, não foi nada disso, e sim uma vida.

— *Jessamyn West, escritora*

Sinceramente, não me preocupo com o que as pessoas pensam. Faço o que quero.

— *Julia Child, chef de cozinha*

O presente é uma sombra em constante movimento que separa o ontem do amanhã. É nela que reside a esperança.

– *Frank Lloyd Wright, arquiteto*

Nunca se aposente! Continue na ativa. Mas não trabalhe na sexta-feira. Tire a sexta-feira de folga. Na sexta, no sábado e no domingo, vá pescar, faça sexo, assista aos filmes de Fred Astaire. Depois, de segunda a quinta, faça o que você fez a vida inteira, a menos que seja descarregar sacos de batatas de um caminhão. Bem, depois dos 85 anos, isso é difícil. O que quero dizer é: viva plenamente e não se aposente.

– *Mel Brooks, diretor e escritor*

Não é no momento em que cai que você precisa de coragem, mas sim durante a longa escalada de volta ao equilíbrio mental, à fé e à tranqüilidade.

– *Anne Morrow Lindbergh, escritora*

Carl Jung afirmou que parte de nossa luta na Terra é reconhecer a realeza em nós mesmos. Acho que, ao fazer isso, também podemos reconhecê-la nos outros. Esse é o segredo de "amar o próximo como a ti mesmo".

Todos nascemos na realeza, até mesmo o filho de um maltrapilho. Dentro de nós existe uma semente de santidade – o espírito de Deus, o *Shechinah* – e, ao longo da vida, devemos aprender a nutri-la.

– *Kirk Douglas, ator*

Aos 80 anos, acredito que sou uma pessoa muito mais jovial do que era aos 20 ou 30. Definitivamente, eu não gostaria de ser adolescente de novo. A juventude pode ser gloriosa, mas também é dolorosa. Além disso, o que chamamos de juventude não é juventude. Está mais para uma velhice prematura.
– *Henry Miller, escritor*

Estou às portas da morte. O problema é que tenho medo de bater.
– *W. Somerset Maugham, escritor*

Envelhecer parece a única maneira possível de ter uma vida longa.
– *Daniel-François-Esprit Auber, compositor*

Quando eu era muito jovem, pensava como seria a velhice. Não me parecia uma coisa muito real. Imaginava que eu seria exatamente como era naquela época, exceto que teria uma grande barba branca como o Papai Noel e nunca mais precisaria me barbear. Pensava que poderia comer o que me desse vontade – mozarela, massas, sobremesas deliciosas –, viajaria e iria a todos os museus que nunca tinha visitado.

Um dia olhei no espelho e pensei: "De onde veio esse velho?" Então me dei conta de que era eu e de que tudo o que queria fazer era trabalhar.

– *Federico Fellini, cineasta*

Encaro a vida a partir de uma perspectiva simples: mantenha os olhos bem abertos e siga em frente.

– Laurence Olivier, ator

O segredo para se manter jovem é viver com honestidade, comer lentamente e mentir a idade.

– Lucille Ball, comediante

Já passou da hora de eu partir, porque, na minha idade, começo a ver as coisas como elas realmente são.

– Le Bovier de Fontenelle, filósofo

A velhice não é para maricas.

– Bette Davis, atriz

Preocupar-se é a mais natural e espontânea de todas as funções humanas. Está na hora de admitir isso, talvez até de aprender a fazer isso de uma maneira melhor.

— *Lewis Thomas, patologista*

Não posso lhe dar a fórmula do sucesso, mas posso lhe dizer qual é a fórmula do fracasso: tentar agradar a todo mundo.

— *Herbert Bayard Swope, editor*

Os homens têm um terrível defeito: o desejo ardente por amor e romance. E esse anseio por amor dura mais do que a capacidade de fazer sexo; ele persiste na velhice.

— *Joseph Heller, escritor*

Se a velhice é uma coroa de espinhos, o segredo é usá-la com elegância.
— *Clare Booth Luce, escritora*

Acredito, não teoricamente, mas por experiência própria, que poucas coisas nos acontecem sem um propósito ou por acidente (e isso inclui o sofrimento e a dor, mesmo os dos outros) e que às vezes temos um vislumbre do elo entre esses acontecimentos.

Acredito — até quando eu mesma estou sendo cega, surda e indiferente — que existe um mistério.
— *Iris Origo, escritora*

Aprender e fazer sexo até o *rigor mortis*.
— *Lema de Maggie Kuhn, ativista*

Tenho quase certeza de que estou morrendo, mas às vezes acho que não é impossível que eu continue a viver de alguma outra maneira após minha morte física. Acho que todo suicida tem estas dúvidas: será que o que vou fazer vale a pena? Vou ser destruído ou continuarei vivendo num outro mundo? Ou, como questiona Hamlet, que sonhos virão quando deixarmos este corpo?

– *Jorge Luis Borges, escritor*

Aprendi que não se pode jamais voltar atrás, que não se deve sequer tentar – que a essência da vida é seguir em frente. A vida realmente é uma via de mão única.

– *Agatha Christie, escritora*

Eu vivo de acordo com um princípio: aproveite a vida incondicionalmente! As pessoas dizem: "Se eu tivesse sua saúde, se tivesse seu dinheiro, ah, iria me divertir." Não é verdade. Eu seria feliz mesmo que estivesse doente em um leito de hospital. A felicidade deve vir de dentro de nós. Essa é a única coisa que espero ter deixado para meus filhos, pelo exemplo e pela conversa: não impor condições, entender que a vida é maravilhosa e aproveitá-la, todos os dias, plenamente.

– *Artur Rubinstein, músico*

Tenho hoje tudo o que tinha há 20 anos, só que agora está tudo mais caído.

– *Gipsy Rose Lee, stripper*

Posso viver com dúvidas, incertezas e falta de conhecimento. Acho que é mais interessante não saber tudo do que ter respostas que podem estar erradas.

Não fico assustado por não saber das coisas, por estar perdido num universo misterioso, sem propósito algum, que, pelo que sei, é como as coisas realmente são. Isso não me assusta.

— *Richard P. Feynman, físico*

Todos fracassamos em alcançar nossos sonhos de perfeição. Portanto, nos avalio com base em nosso esplêndido fracasso em fazer o impossível.

— *William Faulkner, escritor*

Os dias bons devem ser colhidos como a luz do sol nas uvas, pisados e engarrafados como o vinho, envelhecidos e depois bebericados confortavelmente junto ao fogo. Se o viajante envelheceu bem, não precisa mais se preocupar em caminhar sem rumo. Os momentos cor de rubi brilham à vontade em sua taça.

— *Freya Stark, escritora*

Nunca aproveitei a juventude tão completamente como na minha velhice.

— *George Santayana, escritor*

Mostre-me um bom perdedor e eu lhe mostrarei um idiota.

— *Leo Durocher, treinador de beisebol*

O trabalho se tornou cada vez mais importante para mim à medida que fui ficando mais velho. Quando se é muito jovem, existem prazeres concorrentes. Talvez se precise de pouco para ser feliz porque tudo é novidade.

O mundo dos idosos fica menor. Pequenas coisas ganham grandes proporções. É como na infância. Poucas pessoas são importantes para você, mas essas são *muito* importantes. Pequenas coisas tornam-se maiores. A comida passa a ter mais importância. É o trabalho que faz você se sentir jovem, não seus casos amorosos. Depois de certa idade, essas aventuras fazem você se sentir mais velho.

– *Federico Fellini, cineasta*

Estou numa idade em que a comida ocupou o lugar do sexo na minha vida. Na verdade, acabei de colocar um espelho no teto, em cima da mesa da cozinha.

– *Rodney Dangerfield, comediante*

Eu tinha pavor de ficar mais velha porque achava que não seria capaz de fazer todas as coisas que queria, mas, agora que envelheci, me dou conta de que não quero fazer nada disso.

– *Lady Nancy Astor, política*

Arrisque-se. É assim que se aprende a viver.

– *Jimmy Carter, estadista*

Nada acontece, nada acontece e tudo acontece.

— *Fay Weldon, escritora*

Um dos prazeres que vêm com a idade e está fora do alcance da juventude é a liberdade de dizer não.

— *J. B. Priestley, escritor*

Quem diz que estou velho?
É isso que é ser velho?
O coração acolhe com alegria as flores
[delicadas.
O riso flutua por sobre os bulbos perfumados:
O que posso fazer, o que posso dizer?
Meu cabelo grisalho esvoaça com a brisa da
[primavera.

— *Kim Chong-gu, poeta coreano*

A morte é o chamado final, a ordem inevitável, que torna a iluminação possível e ajuda nossa alma a evoluir. Foi por isso que Platão, ao lhe pedirem em seu leito de morte um último conselho, disse a seus discípulos: "Preparem-se para a morte."

— *Ram Dass, escritor*

Não tente avançar rápido demais. Aprenda a fazer seu trabalho. Nunca fale até saber do que está falando...

Se quiser fazer progresso, siga em frente.

— *Sam Rayburn, político*

A vida é repleta de milagres, mas nem sempre são aqueles pelos quais rezamos.

— *Eve Arden, atriz*

A literatura tem negligenciado os idosos e suas emoções. O romancista nunca nos contou que na vida, assim como em outras áreas, os jovens são apenas iniciantes e que a arte de amar amadurece com a idade e a experiência.

– *Isaac Bashevis Singer, escritor*

Eu tinha uma placa em cima do computador que dizia: CACHORROS VELHOS PODEM APRENDER NOVOS TRUQUES, mas ultimamente tenho me perguntado quantos novos truques *estou disposto* a aprender. Não seria muito mais fácil ficar ultrapassado?

– *Ram Dass, escritor*

Certa vez, li uma história sobre um grupo de judeus que estava fugindo dos nazistas. Estavam subindo uma montanha e levavam com eles os doentes, os idosos e as crianças. Muitos dos idosos caíam ao longo do caminho e diziam:

– Somos um estorvo. Continuem sem nós.

E recebiam como resposta:

– As mães precisam descansar de vez em quando. Portanto, em vez de ficarem aí sentados e morrerem, por favor, peguem as crianças e andem até onde puderem.

Assim que pegavam as crianças e começavam a andar, todos os idosos conseguiam atravessar a montanha. Tinham uma razão para viver.

– *Ruby Dee, atriz*

Repórter:
– A que você atribui sua longevidade?
– Carne vermelha e gim.

> – *Julia Child, chef de cozinha*

Estou pronto para me encontrar com o Criador. Mas se o Criador está pronto para a experiência penosa de se encontrar comigo é uma outra questão.

> – *Winston Churchill, estadista, durante um discurso em seu 75º aniversário.*

Ainda tenho duas paixões permanentes: uma é o meu trem de brinquedo; a outra, as mulheres. Mas, aos 89 anos, acho que estou ficando velho demais para brincar com trens.

> – *Pierre Monteux, condutor de trens*

Para mim, a vida é como o nono buraco do golfe. Às vezes, quando chega ao nono buraco, você começa a jogar melhor. Talvez você não esteja mais forte, mas a esperança é que tenha se tornado mais sábio. E, se conseguir manter o bom senso intacto, poderá passar um pouco de sabedoria para a geração seguinte.

– *Clint Eastwood, ator e diretor de cinema*

Se o diabo me oferecesse de volta o que comumente chamamos de virilidade, eu recusaria.
– Apenas mantenha meu fígado e meus pulmões funcionando bem – responderia –, de modo que eu possa continuar bebendo e fumando.

– *Luis Buñuel, diretor de cinema*

Coragem é muito importante. Assim como os músculos, ela fica mais forte com o uso.

– *Ruth Gordon, atriz e escritora*

A vida tem uma coisa curiosa. Se você se recusa a aceitar qualquer coisa que não o melhor, com freqüência acaba obtendo o que quer...

– *W. Somerset Maugham, escritor*

Costumo dizer que *tudo* possui infinidade e eternidade...

– *Yehudi Menuhin, músico*

Os idosos sabem o que querem. Os jovens ficam tristes e desnorteados.

– *Logan Pearsall Smith, escritor*

Quando vejo que nada se perde e nem sequer um pingo d'água é desperdiçado, não consigo imaginar que as almas sejam aniquiladas ou acreditar que Ele possa sofrer diariamente a perda de milhões de mentes já formadas e criar para Si Mesmo o problema permanente de formar outras novas.

– *Benjamin Franklin, estadista*

O que conta não é de onde você vem, mas para onde você vai.

– *Ella Fitzgerald, cantora*

Quanto mais velho se fica, mais se sente que o presente deve ser aproveitado. Ele é um bem precioso, comparável ao estado de graça.

– *Marie Curie, cientista*

Agora que estou com 95 anos, olhando para o passado, já vi muitas mudanças acontecerem. Tantas invenções foram feitas, as coisas agora acontecem mais rápido. Nos velhos tempos, não havia tanta pressa. Acho que as pessoas viviam mais contentes, mais satisfeitas com a vida do que hoje em dia. Não se escutam mais tantas gargalhadas e gritos como no meu tempo, e o que era divertido para nós hoje não tem graça nenhuma... Não acho que as pessoas agora sejam tão felizes quanto antes; elas estão preocupadas. E também muito ansiosas de passar à frente de seus vizinhos. Estão lutando cada vez mais para conseguir algo melhor. Realmente acho que, de certa forma, hoje as pessoas têm coisas demais. Nós vivíamos com muito menos.

– *Vovó Moses, artista*

A idade e o passar do tempo ensinam muitas coisas.

— *Sófocles, dramaturgo*

Tentar se agarrar à juventude, ao que era bom há 20 anos, é uma completa ilusão. Você deve se adaptar e procurar a *abundância* que existe nas coisas novas.

Se você se apegar ao passado, jamais viverá novas experiências.

— *Joseph Campbell, acadêmico*

Será que algum dia chegamos a nos conhecer? Será que chegamos a ser *alguém?* Já não tenho mais certeza. Agora me parece que mudamos todos os dias e que, de tempos em tempos, nos tornamos um novo ser.

— *George Sand, escritor*

Talvez a pessoa tenha de ficar velha antes de aprender a se divertir em vez de ficar chocada.

– *Pearl S. Buck, escritora*

Nunca se é velho demais para se tornar mais jovem.

– *Mae West, atriz*

Do nascimento até os 18 anos, uma menina precisa ter bons pais. Dos 18 aos 35, precisa ter uma boa aparência. Dos 35 aos 55, boa personalidade. Dos 55 anos em diante, precisa ter uma boa grana.

– *Sophie Tucker, cantora e comediante*

A maioria das pessoas acredita que tem de fazer alguma coisa o tempo todo. Muitas pessoas que passam o dia inteiro em um escritório ou limpando a casa ou trabalhando numa fábrica acham que, se ficarem sentadas no café da esquina, de braços cruzados, olhando quem passa, estarão apenas perdendo tempo. Estão enganadas. É apenas observando as pessoas e aproveitando a vida que se sentirão verdadeiramente vivas.

– *Artur Rubinstein, músico*

Você deve aprender dia após dia, ano após ano, a ampliar seus horizontes. Quanto mais você amar, se interessar, se divertir e se indignar, mais recordações terá quando nada de novo acontecer.

– *Ethel Barrymore, atriz*

As pessoas tendem a se tornar mais tolerantes e generosas à medida que envelhecem, mas, por outro lado, muitas vezes interagimos menos com os outros e perdemos um pouco de interesse pelo que acontece à nossa volta. Portanto, essa generosidade não nos sai tão cara assim.

– *Edward Hoagland, escritor*

As igrejas, antes sagradas, foram reduzidas a pó e cinzas. E agora nossos corações estão ainda mais ávidos por dinheiro. Agimos como se estivéssemos condenados a morrer amanhã, mas construímos casas como se fôssemos viver para sempre.

– *São Jerônimo*

Ao longo da vida, recebemos algumas pistas que nos fazem lembrar a direção que supostamente devemos seguir. Se não prestar atenção, você acaba fazendo escolhas ruins e tendo uma vida infeliz. Se ficar atento, aprenderá as lições e terá uma vida plena, incluindo uma morte digna.

– *Elisabeth Kübler-Ross, psiquiatra*

A amizade fica. De alguma maneira, o amor fica – assim como o mais precioso dos talentos, a dúvida.

– *Jorge Luis Borges, escritor*

Quanto mais grisalho meu cabelo se torna, mais as pessoas se mostram propensas a acreditar no que digo.

– *Bertrand Russell, filósofo*

Sempre tentou. Sempre falhou. Não importa. Tente novamente. Falhe novamente. Falhe melhor.

— *Samuel Beckett, dramaturgo*

Os músicos não se aposentam. Só param de tocar quando não há mais música dentro deles.

— *Louis Armstrong, músico*

O tempo é a substância de que sou feito. O tempo é o rio que me arrasta, mas eu sou o rio. É o tigre que me destrói, mas eu sou o tigre. É o fogo que me consome, mas eu sou o fogo.

O mundo, infelizmente, é real. Eu, infelizmente, sou Borges.

— *Jorge Luis Borges, escritor*

O que você estiver amadurecendo é o fruto de sua vida. Ele vai fazer você brilhar por dentro, não importa como seja por fora. É uma coisa iluminada.

— *Stewart Edward White, escritor*

Amanhã vou arriar a bandeira da hipocrisia,
Vou devotar meus cabelos grisalhos ao vinho.
Minha longevidade já chegou aos 70,
Se eu não me divertir agora, quando o farei?
— *Omar Khayyám, poeta, extraído de* Rubáiyát

Como é antinatural o ponto de vista imposto de que a paixão é exclusividade dos jovens.

— *May Sarton, escritora*

Todos os clichês afirmam que você fica mais sábio à medida que envelhece. Não me sinto nem um pouco mais sábio. A sabedoria não vem com a idade. Conheci algumas pessoas grosseiras que, conforme envelheciam, se tornavam mais egoístas, intolerantes e vingativas, e passaram a se irritar mais facilmente e se agarrar a suas decepções. Mas há uma espécie de aceitação a que não é fácil chegar. Estou falando de uma aceitação graciosa, um reconhecimento de suas próprias fraquezas e limitações, e não me refiro às limitações físicas. De certa forma, ficar em paz com o fato de que você, tal como as árvores, as plantas e as paisagens, está passando por um processo inevitável.

– *Hume Cronyn, ator*

Na juventude, aprendemos; na velhice, compreendemos.

– *Marie Ebner-Eschenbach, escritora*

Quando você convive com outra pessoa por 50 anos, todas as suas memórias estão investidas nessa pessoa, como uma conta conjunta de lembranças. Não é que você vá falar dela constantemente. Na verdade, para as pessoas que não vivem do passado, você quase nunca diz: "Lembra-se daquela noite em que nós...?" Não é preciso. E isso é o melhor de tudo. Você *sabe* que a outra pessoa *se lembra*. Portanto, o passado faz parte do presente enquanto ela viver. É melhor do que qualquer álbum de recordações, porque os dois são como álbuns vivos.

– *Federico Fellini, cineasta*

Você tem de estar em paz consigo mesmo. Eu adoro rir. Acho que o riso pode curar. Você pode ver isso no rosto de uma pessoa. Por volta dos 40 anos, quando seu rosto tiver perdido o brilho da juventude, aquilo que você é por dentro começa a transparecer nas suas feições. As rugas deixam marcas para cima ou para baixo. Se for para cima, isso é um bom sinal.

– *Elisabeth Taylor, atriz*

O segredo de meu sucesso foi que de algum modo sempre consegui sobreviver para voar no dia seguinte.

– *General Chuck Yeager, piloto de testes*

Viva sua vida e esqueça sua idade.
– *Norman Vincent Peale, pastor e escritor*

Se quiser a imortalidade, invente-a.
> *– Joaquin Miller, poeta*

A coragem é uma coisa estranha: nunca se pode ter certeza dela.
> *– Raymond Chandler, escritor*

Sabedoria é aprender com todas as suas experiências, o que significa que você talvez não vá cometer os mesmos erros de novo. E você se torna mais tolerante. Oh, meu Deus, como o mundo precisa disso. Tolerância para com a religião, as intenções e os pontos de vista dos outros. Simplesmente ser capaz de sentar e ouvir o que a outra pessoa está dizendo.
> *– Jessica Tandy, atriz*

Ter 70 anos é como escalar os Alpes. Você chega ao topo coberto de neve e vê que deixou para trás um vale profundo, que se estende por vários quilômetros, e à sua frente há topos ainda mais altos e mais brancos que você poderá ter ou não força suficiente para escalar. Então você se senta, reflete e imagina qual deles vai ser.

– *Henry Wadsworth Longfellow, poeta*

Esses médicos sempre me perguntam como vivi por tantos anos. E eu lhes digo: "Se eu soubesse que iria viver por tanto tempo, teria me cuidado mais."

– *Eubie Blake, músico*

Os objetivos que a humanidade normalmente busca – propriedades, status, luxo – sempre me pareceram desprezíveis. Nunca considerei que o conforto e a felicidade fossem, por si só, um fim. Por princípio, acho isso mais apropriado a uma vara de porcos. Os ideais que têm iluminado meu caminho e renovado minha coragem para enfrentar a vida com alegria sempre foram a Verdade, a Bondade e a Beleza.

– *Albert Einstein, físico*

Quanto mais velho você fica, mais forte o vento sopra – e sempre no seu rosto.

– *Jack Nicklaus, jogador de golfe*

E aqui está a principal condição para se alcançar o sucesso, o grande segredo: concentre toda a sua energia, seu pensamento e seu capital exclusivamente no que está fazendo. Uma vez que escolheu uma área de atuação, lute por ela, seja o líder nela; implemente todas as melhorias, tenha o melhor maquinário e procure saber o máximo sobre o assunto.

– *Andrew Carnegie, industrial*

Os velhos tempos eram os velhos tempos. E foram ótimos. Mas agora é agora.

– *Don Rickles, comediante*

O bom de ficar mais velho é que você não perde todas as idades que já teve.

– *Madeleine L'Engle, escritora*

Quando um homem se pergunta o que significa ação, prova que não é um homem de ação. Ação é a falta de equilíbrio. Para agir, é preciso ser um pouco louco. Um homem razoavelmente sensato se contenta em pensar.

— *Georges Clemenceau, estadista*

Entre todas as dúvidas que foram discutidas durante quatro mil anos, de quatro mil maneiras, o caminho mais seguro é não fazer nada contra a nossa consciência. Com esse segredo, podemos aproveitar a vida e não ter medo da morte.

— *François Marie Arouet de Voltaire, escritor*

Escolha bem: sua escolha é breve e, no entanto, infinita.

— *Ella Winter, escritora*

Sempre que eu penso que estou ficando velha e com o pé na cova, alguma coisa diferente acontece.

– *Lillian Carter, mãe do ex-presidente Jimmy Carter*

O medo da morte é praticamente infundado. Precisamos ter a humildade de reconhecer que, na morte, estaremos na companhia de muitas outras pessoas. E que esse é o único destino à espera de todos nós. Eu não estou muito preocupado com a morte, e sim com o enorme ponto de interrogação que ela representa. É o nada? É possível. Se não for, que grande aventura temos pela frente.

– *François Mitterrand, estadista, antes de morrer em decorrência de câncer na próstata*

Quando chegamos aos 81 anos, a única coisa que queremos é descansar e deixar que o mundo continue girando sozinho, sem tentar empurrá-lo.

– *Sean O'Casey, dramaturgo*

Se soubesse que morreria esta noite ou simplesmente que teria de ir embora e nunca mais voltar, será que você, ao olhar para as pessoas e para as coisas pela última vez, iria vê-las da mesma forma como as viu até agora? Não iria amar como nunca amou?

– *Maurice Maeterlinck, escritor*

Sou um homem idoso e enfrentei muitos problemas, mas a maioria deles nunca aconteceu.

– *Mark Twain, escritor*

Aquele que é calmo e feliz por natureza dificilmente sentirá a pressão da idade, mas, para o que tem o temperamento oposto, tanto a juventude quanto a velhice são um fardo.

– *Platão, filósofo*

Acordo antes de todos lá em casa, não que tenha perdido o sono por conta de minha idade avançada, mas porque uma vontade intensa de viver me arranca da cama.

– *Maurice Goudeket, escritor*

A idade só importa quando se está envelhecendo. Agora que já cheguei lá, posso muito bem voltar a ter 20 anos.

– *Pablo Picasso, artista plástico*

Agora, vamos supor que as lagartas tenham sua reunião anual. E uma lagarta mais idosa diz:

– É extraordinário, mas todas vamos virar borboletas.

– Até parece – reagem as outras. – Coitadinha, você é apenas uma velha lagarta que está com medo de morrer. Está inventando isso para se consolar.

É o que as pessoas me dizem quando afirmo que espero ansiosamente pela morte porque sei que vou entrar para a eternidade.

– *Malcolm Muggeridge, jornalista*

Durante muito tempo na minha vida, ansiei ser aquilo que os outros queriam que eu fosse. Agora, desisti dessa luta. Sou o que sou.

– *Elizabeth Coatsworth, poetisa*

Começamos a ficar jovens aos 60 anos. E, então, já é tarde demais.

– Pablo Picasso, artista plástico

É preciso apostar no futuro. Para salvar a vida de uma única criança, nenhum esforço é supérfluo. Fazer um idoso sorrir é uma tarefa essencial. Combater a injustiça e a infelicidade, mesmo que apenas por um instante, por uma única vítima, é inventar uma nova razão para se ter esperança.

– Elie Wiesel, escritor

Fico feliz ao constatar que, mesmo na minha idade, ainda me ocorrem grandes idéias cuja busca e cujo desenvolvimento exigiriam uma outra vida.

– Johann Wolfgang von Goethe, escritor

As forças que me restam se tornam mais preciosas em razão do que perdi. Perdi a audição de um ouvido, mas nunca apreciei tanto os sons quanto agora. Minha vista se deteriorou tanto que o brilho com que a natureza me foi revelada na juventude ficou enevoado, mas nunca olhei a natureza com uma alegria tão genuína quanto agora. Minhas pernas se cansam logo, mas nunca considerei um privilégio tão grande poder caminhar ao ar livre, a céu aberto, diante da infinitude da Criação, quanto agora. Até acho que minha comida simples, ingerida por obrigação, nunca foi tão saboreada. Estou grato, portanto, por meu tabernáculo terreno, embora ele trema muito.

– *William Ellery Channing, clérigo*

A vida é para ser vivida – isso é tudo o que há a fazer.

– *Eleanor Roosevelt, humanitária*

Recentemente, pela primeira vez, tomei consciência de que o período de nossa existência na Terra é limitado. Durante toda a minha vida, nunca tinha realmente entendido essa idéia. Ela me ocorreu muito claramente enquanto eu olhava para uma velha árvore no jardim. Quando chegamos, ela era muito pequena e eu a olhava de cima. Agora ela balança bem acima da minha cabeça e parece dizer: "Você partirá em breve, mas eu continuarei aqui por mais centenas de anos."

– *Jean Sibelius, compositor*

Nunca tenha pena de si mesmo, a mais destrutiva emoção que existe. Como seria terrível ficar aprisionado na pavorosa gaiola de si mesmo.

– *Millicent Fenwick, político*

Existe essa história de que "você é tão velho quanto se sente", que é muito boa até certo ponto, mas ninguém pode ser Shirley Temple em *Olhos encantados* para sempre. Cedo ou tarde, infelizmente, você acaba ficando *velho*.

– *Joan Crawford, atriz*

A idade raramente chega de maneira suave ou abrupta. Na maioria das vezes, é uma sucessão de espasmos.

– *Jean Rhys, escritora*

Na velhice, ao olhar para a vida que passou, esta é uma das coisas que nos atinge com mais impacto: a única maneira de aprender algo é pelo *sofrimento*. Não é com o sucesso, com a felicidade nem nada disso. A única coisa que *realmente* nos ensina o que é a vida – a alegria da compreensão, a alegria de entrar em contato com o que a vida *realmente* significa – é o sofrimento, a aflição.

– *Malcolm Muggeridge, jornalista*

Sou profundamente grato à idade avançada, que aumentou meu interesse por conversas e diminuiu o que eu tinha por comida e bebida.

– *Cícero (Marco Túlio Cícero), orador e político*

Um homem não ficará velho enquanto continuar procurando por alguma coisa.

— *Jean Rostand, biólogo e escritor*

Sempre que os amigos começam a elogiá-lo, dizendo como você parece jovem, pode ter certeza de que acham que você está ficando velho.

— *Washington Irving, escritor*

Dizem que o estresse mata. Mas acho que a *falta* de estresse também é fatal, principalmente com o avançar da idade. Se seus dias parecem transcorrer sem altos e baixos, sem algumas ansiedades e acontecimentos que façam seu coração bater mais rápido, você pode não estar vivendo *de verdade*.

— *Helen Hayes, atriz*

Um dos maiores obstáculos na vida é ter medo de errar, porque isso o paralisa. E você precisa se movimentar livremente na arena, não pode esperar pela situação perfeita, o momento ideal... Se tiver de cometer um erro, é melhor que seja agindo do que por omissão. Se tivesse mais uma chance, eu me arriscaria.

— *Federico Fellini, cineasta*

É realmente um feito ter chegado aos 75 anos, apesar de doenças, germes, acidentes, desastres e guerras. E agora cada novo dia me encontra mais maravilhado e capacitado a desfrutar a última gota dessa alegria que é a vida.

— *Maurice Goudeket, escritor*

As pessoas sempre me perguntam como é a morte. Eu lhes respondo que é a glória. É a coisa mais fácil pela qual vão passar.

A vida é difícil. A vida é uma luta.

A vida é como ir para a escola. Você aprende muitas lições. Quanto mais se aprende, mais difíceis as lições se tornam.

— *Elisabeth Kübler-Ross, psiquiatra*

Tenho exatamente a mesma idade que sempre tive.

— *Carolyn Wells, escritora*

Uma vida direcionada principalmente para a realização de desejos pessoais vai sempre resultar, cedo ou tarde, em amargura.

— *Albert Einstein, físico*

É o princípio do fim quando você descobre que tem estilo.

— *Dashiell Hammett, escritor*

Talvez eu seja o músico mais velho do mundo. Sou idoso, mas em muitos sentidos ainda sou muito jovem. E é isso que quero que você seja, jovem, jovem por toda a sua vida, e que diga ao mundo coisas verdadeiras.

— *Pablo Casals, músico*

Ontem à noite, tive um típico jantar sem colesterol: abóbora assada, leite desnatado e gelatina. Tenho certeza de que isso não me fará viver por mais tempo, mas sei que vai fazer a vida parecer mais longa.

— *Groucho Marx, comediante*

Os últimos anos da vida são como o fim de um baile de máscaras, quando as máscaras caem.

– *Arthur Schopenhauer, filósofo*

Uma pessoa pode se deleitar mais com o que vê e ouve à medida que envelhece. Um pôr-do-sol, uma árvore, a neve, o mar, um lago – tudo volta a ser como na infância, mágico e maravilhoso: antes, porque era visto pela primeira vez; agora, porque pode ser a última.

– *Helen Nearing, escritora*

Nesses curtos 77 anos, minha experiência foi que quando você tem boas razões para lutar, mesmo que a causa seja perdida, em geral você vence.

– *Edward Teller, físico*

O inverno está sobre minha cabeça, mas a eterna primavera reside em meu coração. Quanto mais me aproximo do fim, mais claramente ouço à minha volta as sinfonias imortais dos mundos que me convidam...

Por meio século, tenho escrito pensamentos em prosa, verso, história, drama, romance, tradição, sátira, odes e canções. Experimentei de tudo, mas sinto que não disse nem a milésima parte do que existe dentro de mim. Quando eu descer ao túmulo, poderei dizer: "Terminei meu trabalho de um dia, mas não o de uma vida inteira."

– *Victor Hugo, escritor*

O jovem que não chorou é um selvagem, e o idoso que não sabe rir é um louco.

– *George Santayana, escritor*

Sinto-me incrivelmente sortudo por continuar vivo, fazendo tudo o que quero e sendo extremamente bem pago por isso. Existe um paralelo com o golfe – grande parte está na mente e, no momento em que você começa a perder o entusiasmo ou o apetite, isso afeta seu julgamento e suas decisões. E então você pára de atuar bem. Acho que entusiasmo e apetite são mais importantes do que qualquer coisa.

– *Sean Connery, ator*

A maior dignidade encontrada na morte é a da vida que a precedeu. A esperança reside no significado do que foi nossa vida.

– *Sherwin B. Nuland, cirurgião*

Tudo se reduz ao seguinte: você tem de estar no lugar certo, na hora certa, mas, quando isso acontecer, é melhor que esteja alerta e seja eficiente.

— *Groucho Marx, comediante*

A idade me intriga. Achei que seria uma época de quietude. Os meus 70 anos foram interessantes e razoavelmente serenos, mas os 80 são apaixonantes. Eu me torno mais intensa à medida que envelheço.

— *Florida Scott-Maxwell, escritora*

Tive sonhos e pesadelos. Sobrevivi aos pesadelos graças aos meus sonhos.

— *Jonas Salk, virologista*

Aprendi a ler os jornais calmamente e a não odiar os tolos sobre quem leio.

— *Edmund Wilson, crítico*

Precisamos encontrar Deus, e Ele não pode ser encontrado em meio ao barulho e à agitação. Deus é amigo do silêncio. Veja como a natureza – árvores, flores, grama – cresce em silêncio. Observe como as estrelas, a Lua e o Sol se movimentam em silêncio. Precisamos do silêncio para sermos capazes de tocar as almas.

— *Madre Teresa, humanitária*

Depois da morte, você será o que era antes de nascer.

— *Arthur Schopenhauer, filósofo*

Uma vida longa me faz sentir mais perto da verdade. No entanto, não é possível expressar essa verdade em palavras. Então como posso transmiti-la aos outros? Não posso, mas quero. Quero dizer para as pessoas que estão envelhecendo e têm medo disso que essa é uma época de descoberta. Se elas perguntarem "Descoberta de quê?", só posso responder: "Devemos descobrir sozinhos, ou não será uma descoberta." O que eu quero dizer é o seguinte: "Se no fim de sua vida, você tiver apenas a você mesmo, isso será muito. Procure e encontrará."

– *Florida Scott-Maxwell, escritora*

Se pudesse começar toda a minha vida outra vez, cometeria os mesmos erros – só que mais cedo.

– *Tallulah Bankhead, atriz*

Eu vi e acredito na bondade, a qualidade indefinível que é imediatamente reconhecida, sem hesitação, pelos mais diferentes homens: a bondade simples de uma velha enfermeira ou da mãe de uma grande família; a bondade mais complexa e dispendiosa de um sacerdote, um médico ou um professor.

– *Íris Origo, escritora*

Eu diria que a grande vantagem de ter 70 anos é aceitar a vida com mais calma. Você pode dizer: "Isso também vai passar!"

– *Eleanor Roosevelt, humanitária*

Vá em frente e faça. É muito mais fácil pedir desculpas depois que alguma coisa foi feita do que obter permissão para fazê-la.

– *Grace Murrey Hopper, matemática*

A vida em si é uma grande farra.
– *Julia Child, chef de cozinha*

Quando eu era jovem, tinha sucesso com as mulheres porque era jovem. Agora tenho sucesso com as mulheres porque sou velho. A meia-idade foi a época mais difícil.

– *Artur Rubinstein, músico*

Inimigos para a vida inteira são tão difíceis de fazer e tão importantes para o bem-estar de qualquer pessoa quanto os amigos.

– *Jessica Mitford, escritora*

Ah, a morte não é problema para mim. Se eu for embora enquanto estivermos conversando, estou pronta. Minha mãe tinha uma filosofia maravilhosa sobre isso. Sempre que perdia alguém, ela dizia: "Muito bem, existe uma única coisa cuja resposta não sabemos. E ele agora sabe."

– *Betty White, atriz*

Quando eu era jovem, percebi que nove em cada 10 coisas que eu fazia davam errado; por isso, passei a trabalhar 10 vezes mais.

– *George Bernard Shaw, escritor*

Nossa maior glória não está em nunca falharmos, mas em nos levantarmos todas as vezes que caímos.

– *Confúcio, filósofo*

À medida que envelheço, percebo meu corpo mudando sua maneira de agir e quero ver como ele se comporta. Não quero interferir. Nosso corpo sabe de alguma coisa que não sabemos. É como estar grávida. Não sabemos envelhecer, a não ser intelectualmente. Mas nosso corpo sabe. Notei isso pela primeira vez quando pensei na menopausa, porque percebi que meu corpo estava se livrando de tudo o que era preciso para produzir um novo ser e retendo tudo o que era necessário para sustentar apenas uma pessoa. Era um processo que eu observava, mas não comandava. E isso criá um certo respeito pela sabedoria do corpo.

– *Gloria Steinem, feminista*

Não sei se minha vida tem sido um sucesso ou um fracasso. Mas, por não querer transformá-la numa coisa em vez da outra, tive bastante tempo para aproveitar a vida.

– *Harpo Marx, comediante*

Minha idéia de perdão é deixar de lado os ressentimentos e livrar-se dos pensamentos negativos. Eles não servem aos seus interesses e só tornam sua vida infeliz. Acredite em mim, você pode se irritar e se enfurecer o quanto quiser, mas quem lhe causou isso não está sofrendo nem um pouco com a sua angústia.

– *Della Reese, atriz*

Você jamais poderá chegar à velhice percorrendo o caminho de outra pessoa. Meus hábitos são bons para minha vida, mas levariam você à morte.

– *Mark Twain, escritor, no discurso de seu 70º aniversário*

Quando eu tinha 40 anos e pensava nos 60, parecia que essa idade estava a milhares de quilômetros de distância. Mas, aos 62 anos, sinto como se estivesse a apenas 10 dias dos 80. Agora devo realizar todas aquelas coisas que sempre falei que faria e deixei de lado.

– *Harry Belafonte, ator e cantor*

Quanto mais eu vivo, mais bonita se torna a vida.

– *Frank Lloyd Wright, arquiteto*

Talvez as coisas mais importantes sejam aquelas das quais não lembramos de forma precisa, mas inconscientemente.

— *Jorge Luis Borges, escritor*

Quando eu era jovem, fiquei impressionado com a declaração de Plutarco de que o ancião Cato começara a aprender grego aos 80 anos. Agora não me impressiono mais. Com a idade, estamos prontos para assumir tarefas de que nos esquivávamos na juventude porque nos tomariam muito tempo.

— *W. Somerset Maugham, escritor*

Meu caro jovem, o segredo do meu sucesso é que, quando era mais novo, descobri que eu não era Deus.

— *Oliver Wendell Holms Jr., jurista*

Quando a graça se combina com as rugas, é admirável. Há uma indescritível luz da aurora na velhice intensamente feliz... O jovem é bonito, mas o velho é esplêndido.

– Victor Hugo, escritor

Quando relembramos o passado, nos damos conta de que, em geral, são as coisas mais simples – não os grandes acontecimentos – que, em retrospectiva, trazem a glória da felicidade.

– Bob Hope, comediante

Sem dúvida, uma coisa eu aprendi: a não ter uma boa opinião a respeito de mim mesmo.

– William Ralph Inge, teólogo

Envelhecer não é bom, mas é interessante.

— *August Strindberg, dramaturgo*

Acho que ninguém pode "voltar atrás" – isso soa muito fácil –, mas sempre se pode contornar o problema. Não quero parecer sentimental, mas sempre rezei muito. Eu podia ter me arruinado se não tivesse sido religiosa e forte. É claro que tive alguns momentos difíceis, mas sempre digo a mim mesma: "Ainda não é o fim!"

— *Debbie Reynolds, atriz*

Adoro a vida, mas não tenho medo da morte. Apenas prefiro morrer o mais tarde possível.

— *Georges Simenon, escritor*

A pressão social é a inimiga! Eu já vi isso acontecer. Como você pode encontrar seu próprio caminho se está sempre fazendo o que a sociedade manda? Passei um ano lecionando numa escola preparatória muito renomada. Era uma turma que tentava pensar por si mesma. Encontrei esses alunos depois, e aqueles que mantiveram o entusiasmo e buscaram sua satisfação levaram vidas decentes e maravilhosas. Aqueles que fizeram o que o papai recomendou porque era seguro acabaram descobrindo que não era nada seguro. Foi uma desgraça.

— *Joseph Campbell, acadêmico*

Para mim, ser velho é sempre ter 15 anos a mais do que eu.

— *Bernard Baruch, financista*

Tal como nossas sombras
Nossos desejos se alongam
À medida que o sol se põe.
— *Edward Young, poeta*

Perguntaram a um homem de 90 anos a que ele atribuía sua longevidade. "Suponho", ele respondeu, piscando o olho, "que seja porque na maioria das noites fui para a cama e dormi, em vez de ficar de pé, preocupado."
— *Dorothea Kent, escritora*

A todos os homens é dada a chave das portas do paraíso. A mesma chave abre as portas do inferno.
— *Richard F. Feynman, físico*

Em geral, o homem comum experimenta, pelo menos uma vez na vida, a felicidade absoluta do amor e a alegria da liberdade. Pelo menos uma vez, ele odeia com todas as suas forças. Pelo menos uma vez, com grande sofrimento, enterra um ente querido. E, por fim, ele mesmo morre. Isso é muito pouco para nossa capacidade inata de amar, odiar, se alegrar e sofrer. Diariamente exercitamos nossos músculos e tendões para que não se degenerem. Mas nosso espírito, que foi criado para toda uma vida cheia de atividades, não é usado nem desenvolvido e por isso, com o passar dos anos, perde sua força produtiva.

– *Edward G. Robinson, ator*

Se você acredita que pode, então pode. E se acredita que não pode, também está certo.
— *Mary Kay Ash, empresária*

A maioria das pessoas é tão tola que, na verdade, não é um grande elogio dizer que alguém está acima da média.
— *W. Somerset Maugham, escritor*

Tente manter sua alma jovem e palpitando até a velhice e, até a morte chegar, imagine que a vida está apenas começando. Acho que essa é a única maneira de nutrir nosso talento, sentimentos e felicidade.
— *George Sand, escritora*

Em última análise, envelhecer é um aspecto da transitoriedade da existência humana. Mas essa transitoriedade pode ser uma forte motivação para nossas responsabilidades – para o reconhecimento de que elas são fundamentais à nossa existência. Talvez seja adequado repetir a máxima logoterapêutica tal como eu formulei em um sonho: "Viva como se já fosse a segunda vez e como se já tivesse cometido os erros que você está prestes a cometer agora." E, sem dúvida, o senso de responsabilidade de cada um pode ser aumentado por essa autobiografia fictícia.

– Victor Frankl, médico e psicoterapeuta, extraído de seu último livro, escrito aos 90 anos

Uma vez, em Eugene, no estado de Oregon, após uma palestra em que falei dos estágios de idade descritos por Dante, uma jovem se aproximou e disse:

— Muito bem, Dr. Campbell, o senhor não entende nada. Hoje em dia nós passamos diretamente da infância para a sabedoria.

E eu respondi:

— Isso é maravilhoso. A única coisa que você perde é a vida.

— *Joseph Campbell, acadêmico*

De forma curiosa, a velhice é mais simples do que a juventude, porque para ela existem menos opções.

— *Stanley Kunitz, poeta*

A tragédia da vida não é a morte em si. A tragédia da vida é o que morre dentro do homem enquanto ele vive – a morte dos sentimentos sinceros, das reações inspiradas, da consciência que torna possível sentir a dor ou a glória de outros homens... Nenhum homem precisa temer a morte: ele deve ter medo de morrer sem ter conhecido seu maior poder – o poder de dar sua vida pelos outros por vontade própria.

– *Albert Schweitzer, missionário e filósofo*

O sucesso é uma espada dourada de dois gumes: consagra e fere ao mesmo tempo.

– *Mae West, atriz*

A mulher que tem o dom de envelhecer bem é aquela que se contenta com um pouco de conforto. Se você reconhece o calor como uma bênção, se sua cama, seu banho, sua comida e bebida favoritas são considerados a mais pura alegria, então você terá uma boa velhice.

— *Florida Scott-Maxwell, escritora*

É melhor estar quase certo do que completamente errado.

— *Warren Buffett, financista*

Não acredito que o verdadeiro otimismo só possa surgir por meio de uma tragédia.

— *Madeleine L'Engle, escritora*

Envelhecer não é nada mais do que adquirir experiência, e alguns de nós têm mais experiência do que outros.

– *Andy Rooney, humorista*

Fiz a mim mesma a pergunta: "O que você quer da vida?" E me dei conta, com um misto de reconhecimento e terror: "Exatamente o que eu tenho – mas quero estar à altura para lidar muito melhor com tudo isso."

– *May Sarton, escritora*

Se nada sabemos a respeito da vida, como podemos saber a respeito da morte?

– *Confúcio, filósofo*

Há um tipo de despreocupação que volta com a idade, diferente da despreocupação da juventude, quando você não sabia de muita coisa. É mais como se sentir livre das preocupações. Não é tão alegre como na juventude, mas é uma espécie de liberdade. E todos os tipos de liberdade são preciosos.

– Federico Fellini, cineasta

De uma forma geral, a velhice é um pouco mais suave com aqueles que possuem uma espécie de portal para um mundo abstrato – arte, filosofia ou aprendizado –, áreas em que os anos quase não são percebidos e nas quais os jovens e os velhos podem se encontrar sob uma luz tênue e verdadeira.

– Freya Stark, escritora

A capacidade de se surpreender é uma das melhores maneiras de não envelhecer tão rapidamente.

– Colette, escritora

Envelhecer é como escalar uma montanha. Você vai se apoiando em cada uma das saliências. Quanto mais alto você chega, mais cansado e sem fôlego fica, mas pode ver cada vez mais longe.

– Ingrid Bergman, atriz

Obedeça à sua voz interior – ela nos manda ser generosos e ajudar os outros. Enquanto tivermos a capacidade de ajudar, continuaremos vivos.

– Kirk Douglas, ator

Não reclame da velhice. Ela me trouxe muitas coisas boas, inesperadas e maravilhosas. Então, cheguei à conclusão de que o fim da velhice e da vida também vai ser inesperadamente maravilhoso...

– *Leon Tolstoi, escritor*

Se eu tivesse a chance de viver de novo, estabeleceria como regra ler um pouco de poesia e ouvir um pouco de música pelo menos uma vez por semana. Talvez, assim, as partes do meu cérebro que agora estão atrofiadas tivessem se mantido ativas pelo uso. Perder o gosto por esses pequenos prazeres é perder a felicidade, e pode ser prejudicial ao intelecto e ao caráter, debilitando a parte emocional de nossa natureza.

– *Charles Darwin, naturalista*

Sempre estive no lugar certo, na hora certa. É claro que eu chegava lá sozinho.

– *Bob Hope, comediante*

O grande desafio não é simplesmente sobreviver. Ora bolas, todo mundo pode fazer isso. A questão é sobreviver sendo você mesmo, sem se diminuir.

– *Elia Kazan, cineasta*

Falar da idade é o templo do tédio.

– *Ruth Gordon, atriz e escritora*

A velhice cai sobre você como um velho sobretudo.

– *Quentin Crisp, escritor*

Na minha idade, procurar a opinião de outro médico é como acionar novamente a máquina de caça-níqueis.

– *Jimmy Carter, estadista*

A vida é uma combinação de magia e massas, de fantasia e realidade.

– *Federico Fellini, cineasta*

Agora os anos parecem passar rapidamente e penso na morte como o fim iminente de uma viagem. Uma razão em dobro ou triplo para amar e para trabalhar enquanto ainda há tempo.

– *George Eliot, escritora, em seu último ano de vida*

O inferno começa no dia em que Deus nos mostra claramente tudo o que poderíamos ter conquistado, todos os dons que desperdiçamos, tudo o que poderíamos ter feito e não fizemos... Para mim, a idéia de inferno se resume a duas palavras: "tarde demais".

– *Gian-Carlo Menotti, compositor*

Aos 20 anos, o homem está cheio de energia e de esperança. Ele quer mudar o mundo. Quando chega aos 70, ele ainda quer mudar o mundo, mas sabe que não pode.

– *Clarence Darrow, advogada*

Por que se esforçar para tornar a estrada da vida uma linha reta? Quanto mais rapidamente viajamos, menos coisas há para ver.

– *Helen Hayes, atriz*

A história de um amor não é importante – o que importa é ser capaz de amar. Talvez seja esse o único vislumbre de eternidade que nos é concedido.
— *Helen Hayes, atriz*

Quando você sabe que está certo, não se importa com o que os outros pensam. Você sabe que, mais cedo ou mais tarde, a verdade vai aparecer.
— *Barbara McClintock, geneticista e botânica*

Quando você é mais jovem, é acusado de crimes que não cometeu. Quando fica mais velho, é reconhecido por virtudes que nunca teve. Uma coisa compensa a outra.
— *I. F. Stone, escritor*

A idade equilibra as coisas – não temos consciência de que o que está acontecendo conosco já ocorreu com inúmeras outras pessoas desde o início dos tempos. Quando somos jovens, agimos como se fôssemos os primeiros jovens do mundo.

– *Eric Hoffer, escritor e filósofo*

A velhice é como qualquer outra coisa. Para ela ser um sucesso, você tem de começar jovem.
– *Fred Astaire, ator*

Vamos tratar a velhice com carinho e amor, porque é uma idade cheia de prazeres, se você souber vivê-la. O melhor está reservado para o fim.

– *Sêneca (Lucius Annaeus Seneca), filósofo e escritor*

Quando jovem, tome cuidado com as brigas; quando forte, cuidado com o sexo; e, quando idoso, cuidado com os bens.

— *Confúcio, filósofo*

Espero ter um ponto de vista jovem. Já que sou velho em todas as outras coisas, essa é minha única chance de manter um pouco de juventude como parte de mim.

— *Richard Armour, escritor*

A vida é luta e tormento, decepção, amor e sacrifícios, pores-do-sol dourados e tempestades negras. Eu disse isso há algum tempo e hoje não acrescentaria uma palavra sequer.

— *Laurence Olivier, ator*

O dinheiro é enfadonho. Quando se chega à minha idade, não se sabe como gastá-lo. Quando eu era jovem, só pensava em "dinheiro, dinheiro, dinheiro"..., "economizar, economizar"... Agora, que importância tem isso?

— *Billy Wilder, cineasta*

Dêem-me todos os luxos da vida e estarei disposto a passar sem o que é essencial.

— *Comentário feito muitas vezes por Frank Lloyd Wright e citado em seu obituário*

Enquanto bebemos e exigimos grinaldas, perfumes e donzelas, a velhice se aproxima imperceptivelmente.

— *Juvenal (Decimus Junius Juvenalis), satirista*

A vida me ensinou que não é por nossas falhas que as pessoas antipatizam conosco e até nos odeiam, mas por nossas qualidades.

— *Bernard Berenson, crítico*

O grande segredo que todos os idosos compartilham é que, na verdade, você não mudou em 70 ou 80 anos. Seu corpo muda, mas você não. E isso, claro, provoca uma grande confusão.

— *Doris Lessing, escritora*

Não se pode esperar que os de 20 venham a tolerar os de 60 em todas as coisas. E os de 60 ficam aborrecidos e impassíveis com os casos de amor eterno dos de 20.

— *Emily Carr, escritora*

O único pecado é a mediocridade.
– *Martha Graham, bailarina e coreógrafa*

É um dos mistérios de nossa natureza que um homem, totalmente despreparado, possa receber um golpe como esse e sobreviver. Não existe explicação razoável para isso. O intelecto fica atordoado com o choque e somente com muitas tentativas compreende o significado das palavras. Misericordiosamente, o homem não é capaz de entender completamente o que isso significa. À mente e à memória serão necessários meses, possivelmente anos, para reunir todos os detalhes e reconhecer toda a extensão da perda.

– *Mark Twain, escritor, a respeito da morte da filha em decorrência de meningite*

É a vida, não é? Você avança e alcança o sucesso. Continua avançando e alguém o supera. E, então, esse alguém é superado por outra pessoa. O tempo equilibra as coisas.

– *Katharine Hepburn, atriz*

Há 60 anos, eu sabia tudo. Hoje, não sei nada. A educação é uma descoberta progressiva de nossa própria ignorância.

– *Will Durant, historiador*

Minha regra de vida determinou como ritual absolutamente sagrado fumar charutos e ingerir bebidas alcoólicas antes, depois e, se necessário, durante todas as refeições e nos intervalos entre elas.

– *Winston Churchill, estadista*

Dentro de cada pessoa de 70 anos existe alguém de 35 perguntando: "O que aconteceu?"
– *Ann Landers, colunista*

Sou velho o suficiente para dizer a verdade. Esse é um dos privilégios da idade.
– *Georges Clemenceau, estadista*

Durante minha longa vida, aprendi uma lição: a questão mais importante é saber por que se está vivo – e acho que não é apenas para construir pontes ou edifícios altos ou ganhar dinheiro, mas para fazer algo realmente importante, para fazer algo pela humanidade. Proporcionar alegria, esperança e levar uma vida espiritualmente mais intensa por estar vivo, que é o mais importante.
– *Artur Rubinstein, músico*

Pessoalmente, fui bem-sucedido em viver quase 85 anos sem me preocupar com minha alimentação.

– *Bertrand Russell, filósofo*

Jamais envelheça, não importa por quanto tempo você viva. Nunca deixe de ser como uma criança curiosa diante do Grande Mistério no qual nascemos.

– *Albert Einstein, físico*

Quando eu era jovem, não se respeitavam os jovens. Agora que sou velho, não se respeitam mais os velhos. Perdi o momento em que o respeito começou e terminou.

– *J. B. Priestley, escritor*

A sorte é o resultado do suor. Quanto mais você transpira, mais sorte tem.

— *Ray Kroc, executivo*

A melhor maneira de se adaptar – não, ignorar – à maioria dos pensamentos negativos sobre o envelhecimento é dizer a você mesmo com convicção: "Continuo sendo a *mesmíssima* pessoa que fui durante toda a minha vida adulta."

Você *é* e sabe disso.

— *Helen Hayes, atriz*

Qualquer vida, não importa quão longa e complexa seja, é feita de um *único momento:* aquele em que o homem descobre, de uma vez por todas, quem ele é.

— *Jorge Luis Borges, escritor*

A velhice é como um avião voando através de uma tempestade. Uma vez a bordo, não há nada que você possa fazer.

– *Golda Meir, política*

Meu amigo, você é uma mistura divina de atrevimento e sonho. Portanto, nunca desista! Se as portas se abriram para mim, podem se abrir para qualquer um.

– *Frank Capra, cineasta*

Gosto de viver. Algumas vezes me senti incontrolável, desesperada e extremamente infeliz, atormentada pelo sofrimento, mas, mesmo depois de tudo isso, ainda tenho certeza de que estar viva é maravilhoso.

– *Agatha Christie, escritora*

Se, aos 21 anos, eu soubesse que seria tão feliz como sou hoje, sinceramente teria ficado chocado. O que me garantiram foi amargura e um final infeliz.

– *Christopher Isherwood, escritor*

Todos nós somos um pouco gananciosos. (Alguns são *muito*.) Somos todos um tanto corajosos e consideravelmente covardes. Somos todos imperfeitos e a vida é simplesmente uma luta interminável contra essas imperfeições.

– *Sidney Poitier, ator*

Ser um jovem de 70 anos muitas vezes é mais feliz e promissor do que ser um velho de 40.

– *Oliver Wendell Holmes Senior, médico e poeta*

Considero a morte tão necessária para nossa saúde quanto o sono. Nós nos levantaremos revigorados pela manhã.

– *Benjamin Franklin, estadista*

Nunca houve uma grande personalidade que, de vez em quando, não quebrasse as regras e inventasse outras novas para si mesmo.

– *Andrew Carnegie, industrial*

Tenho 80 anos. Parece não haver mais nada a acrescentar a essa declaração. Cheguei à idade dos fatos sem atributos – que se recusam a ser atenuados por sentimentos ou confundidos pela nobreza da frase.

– *Agnes Repplier, escritora*

Faz parte da natureza de todas as coisas que tomam forma se dissolverem de novo. Lute com todo o seu ser para atingir a perfeição.

– *Buda, à beira da morte*

Nunca aprendi a viver. E descobri tarde demais que a vida é para ser vivida.

– *John Charles Walsham Reith, executivo e político*

O que mais odeio na vida são as pessoas que na verdade já passaram do ponto, mas querem ser jovens e sensuais. Não se pode enganar ninguém. Há um momento em que é preciso admitir que outra pessoa é mais jovem, tem mais energia e é mais sensual. A vida não é um concurso de beleza.

– *Karl Lagerfeld, estilista*

Se Ele nos deu um dom maravilhoso, é o de não conhecer o futuro. Teria sido insuportável.

– *Edward G. Robinson, ator*

O homem comum, que não sabe o que fazer com sua vida, deseja uma outra, que dure para sempre.

– *Anatole France, escritor*

O grande homem é aquele que nunca perde seu coração de criança.

– *Mencius, filósofo*

Aproveite o tempo! Utilize-o! Tenha consciência de cada dia e de cada hora! Eles passam despercebidos muito fácil e rapidamente.

– *Thomas Mann, escritor*

Meus olhos viram muito,
mas não estão cansados.
Meus ouvidos escutaram muito,
mas têm sede de mais.

— *Rabindranath Tagore, escritor*

Durante meus 87 anos testemunhei uma série de revoluções tecnológicas, mas nenhuma delas acabou com a necessidade de caráter ou com a capacidade de pensar.

— *Bernard Baruch, financista*

Nenhum esforço que valha a pena é simples em perspectiva. Se estiver certo, será simples em retrospectiva.

— *Edward Teller, físico*

Que idade você teria se não soubesse a idade que tem?

– *Satchel Paige, jogador de beisebol*

Mantenha o bronzeado, more numa casa elegante (mesmo que seja no porão), seja visto em restaurantes da moda (mesmo que seja apenas para tomar um drinque) e, se pedir dinheiro emprestado, que seja uma quantia alta.

– *Aristóteles Onassis, empresário*

Você sempre acaba como merece. Na velhice, você deve tolerar o rosto, os amigos, a saúde e os filhos que ganhou.

– *Fay Weldon, escritora*

Se pudesse ser jovem de novo e tivesse de decidir como ganhar a vida, eu não me tornaria cientista ou professor. Eu preferiria ser um bombeiro hidráulico ou um vendedor ambulante, na esperança de encontrar aquele modesto grau de independência ainda possível nas atuais circunstâncias.

– *Albert Einstein, físico*

Infelizmente, muitas pessoas não consideram a diversão um item importante em sua rotina diária. Para mim, sempre foi prioridade, não importa o que eu estivesse fazendo.

– *General Chuck Yeager, piloto de testes*

Quero morrer jovem em uma idade avançada.

– *Max Lerner, jornalista*

Quando minha mãe estava morrendo, ela me disse: "Tente sempre ser bom e gentil com as pessoas. Se fizer isso, alguém sempre agirá em sua defesa."

E descobri que era verdade. As pessoas realmente fazem isso.

– *B.B. King, músico*

Aprendi que a melhor maneira de dar conselhos a seus filhos é descobrir o que eles querem e, então, aconselhá-los a fazê-lo.

– *Harry S. Truman, estadista*

O futuro? Tal como os livros que não foram escritos e os filhos que não nasceram, você não fala sobre isso.

– *Dietrich Fischer-Dieskau, cantor*

1. Nunca perca o interesse pela vida e pelo mundo.
2. Coma frugalmente e em horas regulares.
3. Faça exercícios, mas não exagere.
4. Durma bastante.
5. Nunca se deixe irritar.
6. Estabeleça uma rotina para a vida e a siga.
7. Tome bastante sol.
8. Beba tanto leite quanto quiser.
9. Obedeça a seu médico e o consulte com freqüência.
10. Nunca exagere.

– Regras de vida que o financista John D. Rockefeller formulou aos 60 anos e seguiu até à morte, mais de 30 anos depois

Aquele que conhece os outros é instruído; aquele que conhece a si mesmo é sábio.

— *Lao-Tzu, filósofo*

Não, não encontrei nenhum padrão para a vida. Mas provavelmente não existe nenhum, a não ser nascimento, crescimento, decadência e morte, algo que todos sabemos desde o início.

— *Gore Vidal, escritor,*
no dia de seu 69º aniversário

Jamais cometerei o erro de fazer 70 anos de novo.

— *Casey Stengel, treinador de beisebol*

Olho para meu reflexo, muitas vezes, no [lago;
Não vejo nenhum rosto, só cabelos [brancos;
Perdi minha juventude, e nunca mais a [encontrarei.
É inútil agitar as águas!

— *Po Chü-i, poeta*

Meus "ontens" caminham comigo. Mantêm o passo. São rostos que espreitam por sobre meu ombro.

— *William Golding, escritor*

Nada, evidentemente, começa na hora em que você pensa que começou.

— *Lillian Hellman, escritora*

Literalmente, milhares de amigos maravilhosos me acompanharam ao longo da vida, e muitos agora me esperam na eternidade secreta que está por vir. Eu aproveitei bastante a longa viagem.

— *Ansel Adams, fotógrafo*

Muitos idosos não se tornam sábios, mas você não se torna sábio se não envelhecer.

— *Joan Erikson, erudita*

Nós mesmos achamos que o que estamos fazendo é apenas uma gota no oceano. Mas, se essa gota não fizesse parte do oceano, acho que ele ficaria menor.

— *Madre Teresa, humanitária*

Realmente pensei que poderia fazer alguma coisa para mudar o mundo. E logo me dei conta de que isso não é possível. O melhor que se pode fazer é aprender a viver nele.

– *Henry Miller, escritor*

Reze pelos mortos e lute ao máximo pelos vivos.

– *Madre Jones, ativista*

Só tenho certeza de uma coisa: quando sonho, estou sempre jovem.

– *Elizabeth Coatsworth, poetisa*

Não gosto de pessoas que nunca caíram nem tropeçaram. Suas virtudes não têm vida nem muito valor. A vida não lhes revelou sua beleza.

– *Boris Pasternak, escritor*

O truque é crescer sem envelhecer.

— *Casey Stengel, treinador de beisebol*

A vida me ensinou que conhece planos melhores do que podemos imaginar. Por isso, tento inibir meus próprios desejos, que tendem a ser insistentes demais, em uma tranqüila disposição de aceitar o que vier e aproveitar isso ao máximo. E, então, aguardar novamente. Descobri que existe um padrão maior e mais bonito do que nossa curta visão pode entrever...

— *Julia Seton, escritora*

Não procuro saltar obstáculos com mais de dois metros de altura. Procuro por obstáculos de um metro, sobre os quais posso passar.

— *Warren Buffett, financista*

Discípulo: – O que acontece após a morte?

Mestre zen: – Não sei.

Discípulo: – Como isso é possível? O senhor é um mestre zen!

Mestre zen: – Mas não sou um mestre zen morto.

– *Citado por Ram Dass,*
escritor e guia espiritual

Quando se está liquidado em termos de sexo, de ambição, o que um idoso pode criar? Arte, é claro. Uma obra de arte que sobreviverá a ele e entrará na vida dos jovens que não tiveram tempo para criar. O idoso se encontra com os jovens e continua vivendo.

– *William Carlos Williams, poeta*

Enquanto as pessoas ficam esperando que algo grande aconteça em suas vidas, o "agora" vai ficando para trás. Você sabe quão rápido o "agora" passa? A 300 mil quilômetros por segundo, a velocidade da luz. Portanto, não importa quanto você ame e aproveite determinado "agora", essa é a velocidade em que ele se torna um "já era". É por isso que não uso mais a palavra "se". Um "se" é um "nunca foi".

– *Sid Caesar, comediante*

Aos 80 anos, Goya desenhou um homem idoso apoiando-se em duas bengalas, com uma grande quantidade de cabelos brancos e uma barba que lhe cobria todo o rosto. E a inscrição: "Continuo aprendendo."

– *Simone de Beauvoir, escritora*

Existem duas coisas a serem estabelecidas como metas na vida: primeiro, obter o que você quer e, depois, aproveitar o que conquistou. Só os mais sábios atingem a segunda meta.

– *Logan Pearsall Smith, escritor*

A vida é uma tragédia quando damos um close nela, mas uma comédia em uma tomada aberta.

– *Charlie Chaplin, ator e cineasta*

O homem que trabalha e nunca se aborrece não fica velho. O trabalho e o interesse por coisas que valem a pena são o melhor remédio contra a idade. Eu renasço a cada dia. A cada dia, preciso começar de novo.

– *Pablo Casals, músico*

Vale a pena perguntar: o que você quer?

À medida que se envelhece, fica mais difícil responder a essa pergunta. A resposta torna-se cada vez mais sutil.

– *John Jerome, escritor*

A vida humana – na realidade, todas as vidas – é poesia. Somos *nós* que a vivemos, inconscientemente, dia a dia, como cenas de uma peça de teatro. E, no entanto, é a vida, em seu todo inviolável, que *nos* vive, que *nos* compõe. Isso é bem diferente do antigo clichê "transforme sua vida em uma obra de arte". Nós somos obras de arte – mas não o artista.

– *Lou Andreas-Salomé, escritora e psicanalista*

Morrer é um negócio muito obscuro e lúgubre. E aconselho você a não ter nada a ver com isso.

– *W. Somerset Maugham, escritor, conversando com seu sobrinho Robin*

Um corretor da bolsa de valores insistiu que eu comprasse ações cujo valor triplicaria a cada ano. Eu disse a ele: "Na minha idade, não compro nem bananas verdes."

– *Claude Pepper, político*

Se A é o sucesso na vida, então A é igual a X, mais Y, mais Z. O trabalho é X, Y representa a diversão e Z significa manter a boca fechada.

– *Albert Einstein, físico*

A vida constantemente nos oferece novos fundos, novos recursos, mesmo quando estamos reduzidos à imobilidade. No balanço da vida não existem coisas como ativos congelados.

– *Henry Miller, escritor*

Quanto mais velha fico, mais poder para ajudar o mundo pareço ter. Sou como uma bola de neve: quanto mais avanço, mais cresço.

– *Susan B. Anthony, feminista*

Conheça outros títulos
da Editora Sextante

A vida é bela
Dominique Glocheux

Só se vive uma vez. Então é preciso aproveitar cada momento. Descobrir o valor das coisas simples, dos pequenos tesouros escondidos que tornam a vida bela.

Esse pequeno manual vai segurar sua mão e levar você para um passeio dentro de si mesmo. Ele vai despertar idéias, sentimentos e desejos que estavam adormecidos.

Abra as portas de seu coração e as janelas de sua alma, saboreando cada um dos 512 conselhos reunidos aqui. Conquiste sua felicidade!

Quem acredita sempre alcança
Peter McWilliams

Todos nós temos um sonho, um desejo lá no fundo do coração. Muitos têm mais de um. Esse é um livro de sugestões práticas para descobrir (ou redescobrir) esses sonhos, escolhendo aqueles que merecem ser perseguidos e procurando as formas de concretizá-los.

Ao ler os pequenos textos e citações reunidos nessa obra, você deve pensar sobre a vida que está levando para descobrir se seus desejos mais profundos estão sendo atendidos. Não é necessário ler tudo de uma vez. Aliás, nem é bom que o faça. Vá devagar, deixando-se impregnar por cada pensamento, e aos poucos essa mudança interna começará a se refletir em seus atos e atitudes.

Aí você redescobrirá a alegria, o entusiasmo e a satisfação que ficaram escondidos debaixo da rotina e da repetição do cotidiano. E tomará, feliz, as rédeas da sua própria vida!

INFORMAÇÕES SOBRE OS PRÓXIMOS LANÇAMENTOS

Para receber informações sobre os lançamentos da
EDITORA SEXTANTE, basta enviar um e-mail para
atendimento@esextante.com.br
ou cadastrar-se diretamente no site
www.sextante.com.br

Para saber mais sobre nossos títulos e autores, e enviar
seus comentários sobre este livro, visite o nosso site:
www.sextante.com.br

EDITORA SEXTANTE
Rua Voluntários da Pátria, 45 / 1.404 – Botafogo
Rio de Janeiro – RJ – 22270-000 – Brasil
Telefone: (21) 2286-9944 – Fax: (21) 2286-9244
E-mail: atendimento@esextante.com.br